김정호

김정호

김선희 글 서영아 그림

비룡소

황해도의 어느 작은 마을. 커다란 보따리를 등에 진 여인이 마을 안으로 들어왔어요. 냇물에서 멱을 감던 한 아이가 여인을 발견하고는 소리쳤어요.
"방물장수다!"

"앗, 방물장수다!"

방물장수는 이곳저곳을 돌아다니며 물건을 파는 장사꾼이에요. 연지, 분, 머릿기름 같은 화장품뿐 아니라 거울, 빗, 비녀 같은 장신구와 반짇고리, 패물도 팔았지요. 옛날에는 이런 물건들을 구하기가 힘들었기 때문에 방물장수는 어딜 가나 환영을 받았어요.
　"이번에는 뭘 가져오셨어요?"
　"빨리 보따리 좀 풀어 보세요."

어느새 방물장수 주위에 사람들이 가득 모였어요.

"이건 저 멀리 중국 황실에서 사용하던 장신구예요. 요건 코끼리 상아로 만든 빗이고요. 이번에는 한성 양반들이 쓰는 질 좋은 비단도 가져왔답니다."

방물장수가 보따리 속에서 물건들을 꺼내 놓자, 여기저기서 감탄사가 터져 나왔어요.

사람들이 물건을 구경하는 동안, 방물장수는 각 지방에서 보고 들은 구수한 이야기보따리를 풀어놨어요.

"전라도는 올해 가뭄이 심하게 들었어요. 한성에서는 큰 물난리가 났고요. 청계천에 있는 집들이 반이나 떠내려갔지 뭐예요."

조금 전까지 친구들과 먹을 감던 정호도 사람들 틈을 비집고 앉아 방물장수의 이야기에 귀 기울였어요.

정호는 눈을 반짝이며 방물장수가 들려준 지역의 모습을 마음속에 그려 보았어요.

'우리나라 맨 아래에는 경상도와 전라도가 있어. 그 위에는 충청도. 거기서 더 위로 오면 경기도고, 내가 사는 황해도는 그보다도 위에 있어. 후, 나도 방물장수처럼 온 나라를 돌아다닐 수 있다면 얼마나 좋을까…….'

물건을 다 팔고 난 방물장수는 다시 길을 떠났어요.

정호는 몰래 방물장수를 따라갔어요. 방물장수를 쫓아 산을 넘고 내를 건너 논밭을 지나다 보니, 어느새 날이 저물었지요.

처음 보는 낯선 풍경에 정호는 퍼뜩 걱정이 되었어요.

'여기가 어디일까?'

집에서부터 십 리는 더 온 것 같았어요.

정호는 집으로 가는 길을 찾으며 생각했어요.

'이럴 때 지도가 있으면 길을 쉽게 찾을 텐데……. 이 길 끝이 어디인지, 저 강물이 어디에서 바다와 만나는지, 이 드높은 산과 넓은 땅 너머에는 무엇이 있는지도 알 수 있고 말이야.'

정호는 지도 그리기를 좋아했어요. 산에서 나무를 하고 내려오는 길에 곧잘 눈앞에 펼쳐진 마을의 모습을 땅바닥에 그려 보곤 했어요.
 산과 강, 길의 이름도 꼼꼼히 써넣었어요. 정호는 평민이었지만 글을 읽고 쓸 줄 알았어요. 열심히 글공부를 한 덕분이었지요.

어느 날 지도를 그리고 있는 정호에게 누군가가 말을 걸었어요.

"무엇을 그린 것이냐?"

정호는 깜짝 놀라서 일어섰어요. 한 선비가 정호의 그림을 보고 있었어요.

"마을 지도를 그린 것입니다."

"네가 지도를 그린단 말이냐?"

선비가 정호의 말에 놀라 되물었어요.

정호는 선비를 집으로 데리고 가서, 그동안 틈틈이 그려 둔 지도를 보여 주었어요.

정호가 건넨 지도를 살펴보던 선비는 깜짝 놀랐어요.

그것은 지도책을 보고 대충 모양만 흉내 내어 그린 지도가 아니었어요. 마을의 전체적인 모습부터 좁은 골목까지 정확하고 세세하게 그려져 있었어요. 지도 한 귀퉁이에는 마을의 가구 수와 논밭의 수도 쓰여 있었지요.

 선비는 그 자리에서 정호에게 편지 한 장을 써 주며 말했어요.
 "이걸 갖고 한성에 가서 최한기라는 사람을 찾아라. 지도에 관심이 많은 사람이니, 네게 도움을 줄 게다."
 정호는 눈이 번쩍 뜨이는 것 같았어요.
 방물장수에게 다른 지역의 소식을 들으며 가슴이 두근거리던 때부터 정호는 지도를 만드는 게 꿈이었어요. 그런데 자신이 그린 지도를 인정해 주는 사람이 나타난 거예요. 정호는 자신감이 생겼어요.

그날 밤, 정호는 부모님께 한성에 가고 싶다고 말했어요. 부모님은 깜짝 놀랐어요.

"한성에 가서 뭘 하려고?"

"지도를 만들 것입니다. 지도는 장사를 하는 상인들이나 여행하는 사람들에게 꼭 필요한 물건입니다. 산과 못이 있는 곳, 농사짓고 누에 치기 좋은 곳도 지도로 알 수 있으니 임금님이 나라를 다스릴 때도 큰 도움이 되고요. 전쟁이 났을 때는 적을 물리치기에 유리하거나 불리한 곳도 쉽게 파악할 수 있어요."

정호의 말에 부모님은 펄쩍 뛰었어요.

"지도는 양반들이나 보고 만드는 것이다. 꿈도 꾸지 말아라."

정호는 아무 말도 할 수 없었어요. 부모님의 말씀이 옳았거든요.

그래도 정호는 한성에 가서 지도를 만들겠다는 꿈을 버리지 않았어요. 누구보다 자세하고 정확한 지도를 만들 자신이 있었어요.

 몇 년 후 부모님이 세상을 떠났어요. 정호는 짐을 챙겨 한성으로 향했어요.
 한성으로 가는 길은 멀고도 험했어요. 처음으로 고향을 떠난 정호는 길을 잃고 몇 날 며칠을 산속에서 헤맸어요.
 '지도가 없으니 참 불편하구나.'

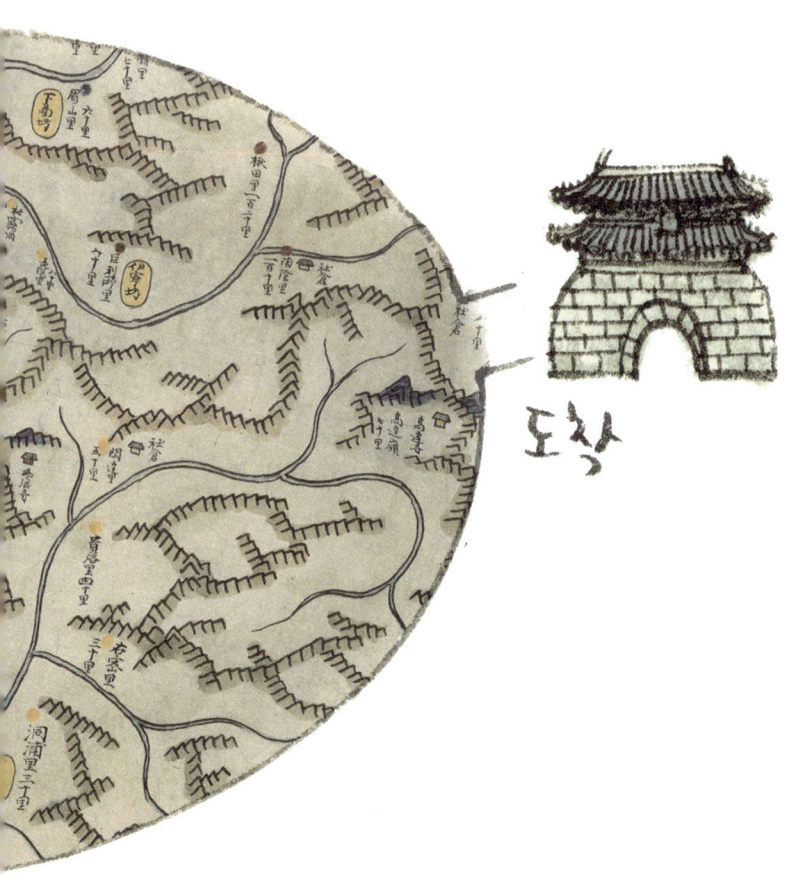

도장

조선 시대에는 지도를 아무나 볼 수 없었어요. 지도를 만들기가 어려웠던 데다, 일일이 손으로 베껴야 해서 지도의 수도 많지 않았거든요.

백성들은 마을과 마을 사이의 거리를 어림짐작해 쓴 간단한 지도를 썼어요. 나라에서 만든 자세한 지도는 벼슬이 높은 양반들이나 볼 수 있었지요.

그래도 정호는 행복했어요. 새로운 길을 걸을 수 있었으니까요. 산이 시작되는 곳, 냇물이 모여 강을 이루는 곳을 보는 것만으로도 너무나 기뻤어요.

어렸을 때 방물장수에게 들었던 곳을 지나갈 때는 신기한 기분이 들었어요. 이야기를 들으며 상상했던 것과 똑같은 곳도 있고, 전혀 다른 곳도 있었지요.

정호는 산, 강, 들, 마을 등 지나치는 모든 풍경들을 마음에 담았어요. 그리고 저녁이면 그 풍경들을 그림으로 그렸어요. 조그만 돌다리 하나, 구석진 산골에 자리 잡은 나지막한 성벽 하나 놓치지 않았지요.

　마침내 도착한 한성은 정호가 상상하던 것보다도 훨씬 크고 넓은 도시였어요. 거리는 사람들로 넘쳐 났고, 상점에는 물건들이 가득 쌓여 있었어요.
　정호가 지금껏 나고 자란 너른 들판과 높은 산에 둘러싸인 고향 마을과는 전혀 다른 모습이었지요.

정호는 최한기를 찾아갔어요. 양반인 최한기는 과거 시험에 합격하고도 벼슬을 하지 않고 집에서 공부를 하고 있었어요. 정호가 오래전 선비가 써 준 소개장을 내밀자, 최한기는 따뜻한 미소를 지으며 말했어요.

"어서 오게. 먼 길 오느라고 수고가 많았네."

우리가 도와줄게~

최한기　　　신헌　　　최성환

최한기는 뛰어난 실학자(실생활에 도움이 되는 학문을 연구한 사람)로, 특히 지도와 지리학에 관심이 많았어요.

그는 김정호에게 지도를 여러 장 보여 주었어요. 두 사람은 지도를 보고, 그에 관해 이야기를 나누느라 시간 가는 줄 몰랐지요.

최한기는 김정호에게 지도에 관심이 많은 다른 친구들도 소개해 주었어요. 무관 벼슬을 하던 최성환과 신헌이었어요.

"지도를 만들겠다니 참으로 훌륭한 생각이군. 돈 걱정은 말게. 내가 도와주겠네."

최성환이 활짝 웃으며 말하자, 옆에 있던 신헌도 고개를 끄덕였어요.

"보고 싶은 책이나 지도가 있으면 이야기하게. 규장각(조선 시대의 국립 도서관)이나 비변사(조선 시대에 군대에 관련된 일을 보던 곳)에 있는 자료를 모아 주겠네."

김정호는 새로 사귄 친구들이 너무나 든든했어요.

'이렇게 좋은 분들을 만나다니, 정말 꿈만 같구나.'

김정호는 정확한 지도를 만들기 위한 목표를 세웠어요. 시간이 걸리더라도 되도록 많은 자료들을 찾아보고, 여러 지도를 맞추어 보며, 수집한 자료들을 깊이 생각하고 정리하는 것이었지요. 지도를 만들기 위해서는 그 지역을 직접 보고 조사하는 것도 중요하지만, 다른 사람들이 만든 지리지(각 지역의 지리적 내용을 쓴 책)와 지도에 대해서도 잘 알아야 한다고 생각했거든요.

지도를 만드는 데 필요한 자료를 모으는 데만 몇 년이 걸렸어요. 다행히 최한기와 최성환, 신헌이 번갈아 가며 김정호에게 책과 지도들을 구해 주었어요.

특히 신헌이 가져다준 비변사의 문서들이 큰 도움이 되었어요. 신헌은 김정호를 위해 몇 번이나 자료를 구해 주었지요.

김정호는 일단 책을 펼치면 밥 먹는 것도, 잠자는 것도 잊었어요. 책과 지도 속에는 김정호가 알지 못했던 엄청난 지식들이 들어 있었어요.

그런데 여러 지도와 지리지를 비교하다 보면 같은 지역인데도 서로 다르게 쓰인 부분들이 있었어요. 실제로는 백 리도 넘는 거리를 십 리로 표시해 놓거나, 마을 이름을 잘못 적어 넣은 엉터리 자료도 많았지요.

김정호는 자료를 견주어 뺄 것과 넣을 것을 정리하고, 앞서 나온 지도나 책에서 빠진 곳이나 잘못된 곳은 직접 가서 확인했어요. 그러다 보니 한번 길을 떠나면 원하는 답을 얻을 때까지 몇 달이고, 몇 년이고 돌아올 줄을 몰랐어요.

최한기는 오랜만에 한성에 돌아온 김정호를 알아보지 못했어요. 하도 고생을 해서 뼈만 앙상하게 남은 데다, 새까맣게 타서 다른 사람처럼 보였거든요.

돌아왔어.

드디어 모든 준비를 끝낸 김정호는 새로운 지도를 그리기 시작했어요.

지도를 그리는 일은 결코 쉽지 않았어요. 어느 날은 하루 종일 산 하나만 그리기도 했어요. 마을 한 곳을 그리는 데 꼬박 한 달이 걸리기도 했지요.

김정호가 그렇게 힘든 시간을 이겨 낼 수 있었던 것은 오로지 한 가지 이유뿐이었어요. 지도를 만드는 것이 자신이 좋아하는 일이었기 때문이지요.

지도를 만들다가 지칠 때면 김정호는 마음속으로 외쳤어요.

'힘들어도 조금만 참자. 지도를 그리는 건 내 꿈이니까.'

1834년 얼음이 녹고 새싹이 돋을 무렵, 마침내 김정호는 첫 전국 지도인「청구도」를 완성했어요.

김정호는 제일 먼저 최한기, 최성환, 신헌에게「청구도」를 보여 주었어요.

"믿을 수가 없군. 지금까지 본 것 중에서 가장 정교한 지도일세."

최성환이 놀란 표정을 감추지 못하며 중얼거렸어요.

「청구도」는 바둑판처럼 세로줄과 가로줄을 넣어서 만든 지도로, 지도에 중요한 역사와 지리 정보까지 상세하게 담겨 있었어요. 앞서 만들어진 어떤 지도보다 뛰어났지요.

최한기는 「청구도」에 서문을 써 주었어요.

"내 친구 정호는 어려서부터 지도와 지리에 관심이 많았다. 오랫동안 여러 지도와 지리지를 수집한 다음 각각의 장단점을 알아내 「청구도」를 만들었다……."

하지만 김정호는 「청구도」에 만족하지 않았어요. 여러 자료를 모아 합쳐 놓은 것이어서, 지도와 관계없는 문화, 풍속 등의 내용이 너무 많았거든요.

김정호는 지도의 기능에 좀 더 충실한 지도를 만들고 싶었어요.

다시 고단한 작업이 시작되었어요. 김정호는 밤낮없이 자료들과 씨름했어요. 그래도 힘든 줄을 몰랐어요. 김정호의 머릿속에는 지도 생각뿐이었거든요.

김정호의 열정에 최한기도 혀를 내둘렀어요.

"자네는 정말 지도에 미쳤군. 존경스럽네."

양반인 최한기가 평민인 김정호에게 존경스럽다는 말을 한 거예요. 당시로서는 상상도 할 수 없는 일이었지만, 지도로 뭉친 두 사람에게 신분은 문제가 되지 않았지요.

「청구도」는 종이에 붓으로 그린 지도여서, 여러 사람이 사용하려면 일일이 손으로 베껴 그려야 했어요. 게다가 잃어버리거나 불에 타기라도 하면 처음부터 다시 그려야 했지요.

하지만 목판(나무에 글이나 그림을 새긴 인쇄용 판)에 지도를 새겨 두면 필요할 때마다 바로바로 지도를 찍어 낼 수 있었어요. 그래서 오래전부터 김정호는 목판에 지도를 새기려고 노력해 왔어요. 더 많은 사람들이 지도를 볼 수 있게 하기 위해서였지요.

김정호는 먼저 한성 지도를 목판으로 만들었어요.

종이에 한성 지도를 그린 다음, 나무를 잘라 목판을 만들었지요. 그러고는 지도를 뒤집어 목판에 붙이고, 망치와 끌로 지도 위 그림과 글자를 따라 꾹꾹 눌러 새겼어요. 이 목판에 먹을 칠해 종이에 찍자, 지도가 아주 또렷하게 찍혀 나왔어요. 이 지도를 「수선 전도」라고 해요.

김정호는 나무를 파는 기술자가 아니었어요. 하지만 지도에 대한 열정만으로 누구보다 정교하게 나무에 지도를 새겼지요.

「청구도」와 「수선 전도」를 만든 후, 김정호의 이름은 널리 알려졌어요. 하지만 집에는 여전히 쌀이 있는 날보다 없는 날이 더 많았어요.

김정호가 저잣거리를 걸어가면 여기저기서 사람들이 수군댔어요.

"지도만 잘 만들면 뭐해? 지도에 미친 사람인데."

"그러게. 못 먹어서 얼굴이 누렇게 떴네."

그럴 때면 김정호는 굳은 얼굴로 앞만 보고 걸어갔어요.

'부모님이 지금 내 꼴을 보면 얼마나 속상해하실까? 지금이라도 지도 만드는 일을 그만두고 장사를 할까? 장사를 하면 굶지는 않을 텐데. 안 돼. 그럴 수는 없어. 지도는 내 생명과도 같아. 지도 만들기를 그만두면 난 죽고 말 거야.'

김정호의 뇌 구조

- 유명해지고 싶은 생각
- 배고프다.
- 사람들의 시선
- 어떻게 하면 정확한 지도를 만들까
- 내가 만드는 지도가 얼마나 유용하게 쓰일까
- 지도는 내 생명
- 좋은 지도
- 완벽한 지도
- 지도 지도
- 어쨌든 지도
- 장사를 할까 하는 마음

김정호는 일 년 열두 달 어떻게 하면 조금이라도 더 나은 지도를 만들 수 있을까 하는 생각뿐이었어요.

정확한 지도를 만들기 위해서는 알아야 할 게 아주 많았어요. 글과 그림 솜씨도 좋아야 했고, 천문학(우주와 우주를 이루는 천체에 관해 연구하는 학문)과 기하학(도형, 공간의 성질을 연구하는 학문), 역사에 대한 지식도 필요했어요. 지도는 우리 땅에 대한 정확하고 풍부한 정보를 담고 있어야 하기 때문이었어요.

참을성과 끈기도 있어야 했어요. 지도 한 장을 만들기 위해서는 눈이 짓무르도록 지도와 지리지를 공부하고, 지도를 그렸다가 지우기를 반복해야 했으니까요.

「청구도」를 만든 지 이십여 년이 훌쩍 흘렀어요.

들판에 곡식이 익어 가는 가을의 어느 날, 김정호는 드디어 평생의 꿈 하나를 이루었어요. 「동여도」라는 전국 지도를 완성한 거예요.

「청구도」의 부족한 점을 고쳐 만든 「동여도」는 훨씬 더 지도다운 지도였어요. 「청구도」에 비해 글을 많이 줄이고, 그림만으로 그 지역의 특징이나 거리를 알아볼 수 있게 만들었지요. 도로에는 십 리마다 점을 찍어 어느 지점에서나 거리를 알 수 있게 했고, 성이나 창고 등은 기호를 사용하여 나타냈어요. 그리고 그 기호들에 대한 설명은 따로 정리해 두었어요. 오늘날의 지도에서 볼 수 있는 일러두기 같은 것이었지요.

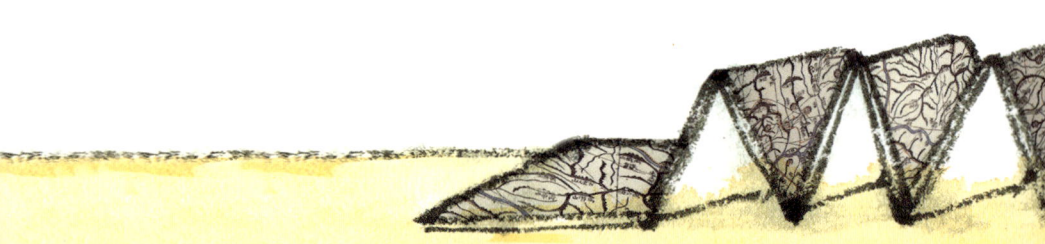

「동여도」를 본 최한기는 김정호의 손을 꼭 잡았어요. 상처투성이의 야윈 손에 최한기는 가슴이 울컥했어요. 이 손으로 김정호는 지금껏 누구도 해내지 못한 큰일을 이룬 거예요.

「동여도」를 완성한 뒤, 김정호의 건강은 점점 나빠졌어요. 한번 기침이 터지면 멈출 줄을 몰랐고, 가끔은 피를 토하기도 했어요.

최한기는 김정호에게 일을 쉬고 공기 좋은 시골에서 병을 치료하라고 권했어요. 하지만 김정호는 단호한 얼굴로 말했어요.

"언젠가 나리가 말씀하셨죠? 모든 백성들이 잘 살게 하는 실학이야말로 지금 우리에게 필요한 것이라고요. 「동여도」를 목판에 새겨 찍어 내면, 일반 백성들도 지도를 쉽게 구해서 볼 수 있을 겁니다. 여기서 지도 만들기를 그만둘 수는 없어요."

콜록, 콜록,
콜록, 콜록,
콜록, 콜록,
콜록, 콜록,
콜록, 콜록,
콜록,
콜록, 콜록

미

김정호는 하루라도 빨리 「동여도」를 목판에 새기고 싶었어요. 지도를 목판에 새기는 것은 이미 「수선 전도」를 만들 때 해 보았기 때문에 자신이 있었지요.

하지만 「동여도」를 목판에 옮기는 일은 만만치 않았어요. 「수선 전도」 때와는 달리 전국을 다 새겨야 하는 데다, 「동여도」는 목판에 새기기에는 너무 복잡한 지도였거든요.

그래도 김정호는 포기하지 않았어요. 어려서부터 간직해 왔던 그의 꿈은 너무나 단단하고 강했어요.

김정호는 집 밖으로 거의 나오지 않았어요. 밥 먹는 시간도, 잠자는 시간도 잊은 채 톱밥이 바닥에 수북이 쌓여 발목을 덮도록 목판에 지도를 새겼지요. 김정호의 집에서는 하루 종일 망치 소리가 들렸어요.

최한기와 최성환, 신헌은 힘닿는 데까지 김정호를 도왔어요. 먹을 것이 떨어지면 쌀과 고기를 가져다주고, 김정호가 필요로 하는 자료는 어떻게 해서든 구해 주었지요.

그렇게 「동여도」를 목판에 새기기 시작한 지 사 년 여가 지났어요. 1861년 김정호는 마침내 우리나라에서 가장 큰 목판 지도인 「대동여지도」를 완성했어요.

「대동여지도」는 하나의 예술 작품이라고 해도 좋을 만큼 아름다웠어요. 산, 강, 길, 마을의 모습은 미술 작품처럼 섬세했고, 잘 쓴 글씨에는 힘이 넘쳤지요.

김정호는 우리나라를 모두 이십이 층으로 구분해서 각 층을 한 권의 책으로 만들었어요. 우리나라의 전체 모습을 보려면 스물두 권을 모두 펼쳐야 했는데, 그 크기가 얼마나 큰지 삼 층 건물의 높이와 비슷했어요.

각각의 책은 병풍처럼 접었다 폈다 할 수 있어서, 필요한 부분만 갖고 다닐 수 있었어요. 만약 한성에서 강릉까지 가야 한다면 십삼 층 지도만 가지고 가면 되었지요.

하지만 뭐니 뭐니 해도 「대동여지도」의 가장 뛰어난 점은 인쇄를 할 수 있다는 거였어요. 「대동여지도」는 목판 지도여서 필요한 때 얼마든지 지도를 찍어 낼 수 있었지요.

「대동여지도」를 본 사람들은 모두 김정호를 칭찬했어요. 하지만 김정호는 사람들을 피해 아무도 모르는 곳으로 숨었어요. 이름이 알려지는 것을 원하지 않았거든요.

　유명해지려고 평생을 바쳐 지도를 만든 게 아니었어요. 그저 지도 만드는 게 좋아서, 어려서부터의 꿈이었기 때문에 만든 거였지요.

　최한기는 매일같이 김정호를 찾아왔어요.

　"나리가 아니었으면 저는 절대 지도를 만들지 못했을 것입니다."

　김정호가 눈물을 글썽이며 말했어요. 최한기의 눈가도 촉촉이 젖었어요.

　"그런 말 말게. 자네는 훌륭한 지리학자이기 이전에 위대한 예술가네. 나는 자네가 내 친구라는 것이 자랑스러울 뿐이야."

　아무도 알아주지 않는 일에 평생을 바친 김정호 뒤에는 언제나 병풍처럼 든든하게 지켜주는 친구 최한기가 있었어요.

「대동여지도」는 조선 시대에 만들어진 지도 중 가장 정확하고 과학적인 지도였어요. 하지만 정작 그 지도를 만든 김정호에 대해서는 잘못 알려진 것들이 많아요.

김정호가 지도를 그리기 위해 백두산을 일곱 번이나 올라갔다는 이야기도 잘못 전해진 거예요. 지금도 그렇지만 당시에 백두산은 한 번 오르기도 힘들 만큼 험한 산이었어요. 교통이 발달하지 못한 데다, 호랑이 같은 무서운 짐승을 만날 수도 있었으니까요.

전국을 세 번이나 여행했다는 것도 정확하지 않은 이야기예요. 말 외에는 탈것이 별로 없었던 조선 후기에 전국을 세 번이나 여행한다는 건 아주 어려운 일이거든요.

김정호가 「대동여지도」를 나라에 바쳤다가 적군에게 도움이 되게 했다는 죄로 감옥에 갇혔다는 것도 사실이 아니에요. 그랬다면 김정호를 도와주었던 사람들도 벌을 받았어야 하지만, 최한기나 최성환, 신헌 등이 벌을 받았다는 기록은 어디에도 없어요.

김정호는 평민이었던 데다 유명해지는 것을 원하지 않았기 때문에 기록이 거의 남아 있지 않아요. 언제 태어났는지, 어디에서 죽었는지조차 알려져 있지 않지요. 하지만 그가 만든 지도들은 지금도 박물관에 남아 우리 민족의 위대한 유산으로 큰 감동을 주고 있어요.

♣ 사진으로 보는 김정호 이야기 ♣

조선 시대 최고의 지도 「대동여지도」

「대동여지도」는 우리나라의 전체 모습을 담은 전국 지도로, 목판에 새겨 만들었어요. 손으로 일일이 베껴 그릴 때와 달리, 똑같은 지도를 필요한 만큼 빨리 찍어 낼 수 있어 일반 백성들도 장사를 하거나 여행을 할 때 지도를 이용할 수 있었지요.

「대동여지도」는 우리가 흔히 볼

보물 제850호인 「대동여지도」의 목판본이에요.

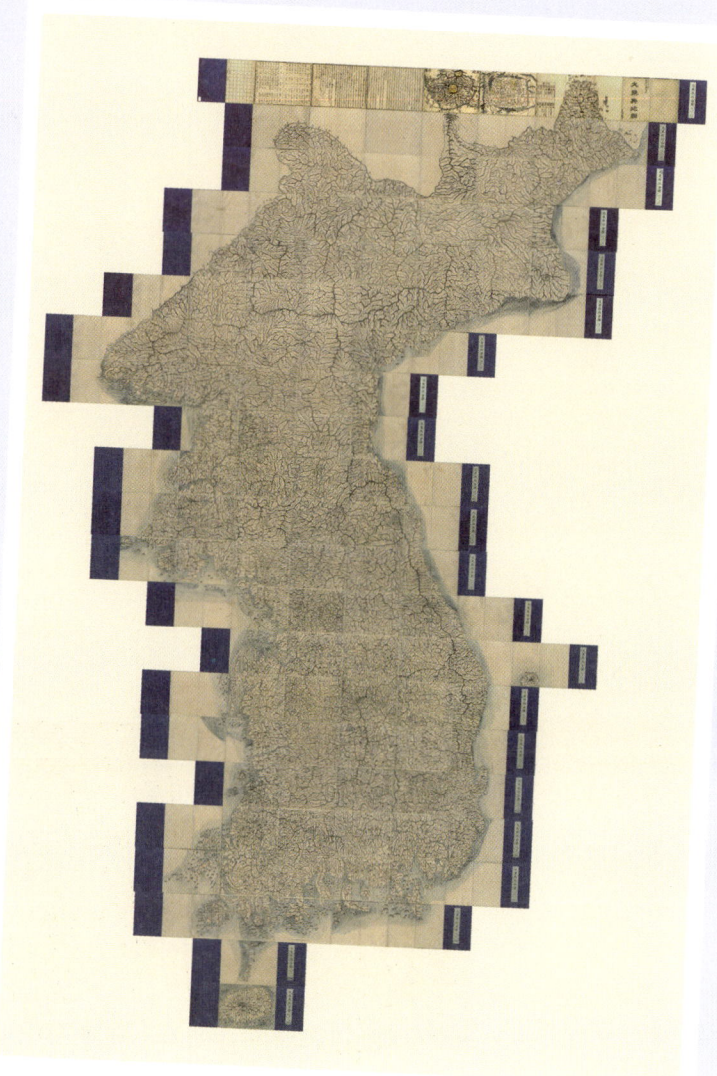

「대동여지도」를 모두 펴서 이으면 가로 약 4미터, 세로 약 7미터로, 삼 층 건물의 높이와 비슷해요.

수 있는 한 장짜리 지도가 아니에요. 가로 약 20센티미터, 세로 약 30센티미터의 종이를 길게 잇고 이것을 병풍식으로 접은 스물두 권의 책으로 되어 있었지요. 이 스물두 권의 책을 모두 연결해야 우리나라의 전체 모습을 볼 수 있어요.

이렇게 「대동여지도」는 커다란 지도를 여러 권의 책으로 나누어 만들어서 필요한 부분의 책만 갖고 길을 떠날 수 있었어요.

또한 산줄기마다 선의 굵기를 다르게 표시해 산의 크기와 높이를 한눈에 알 수 있게 하고, 십 리마다 방점을 찍어 실제 거리를 짐작할 수 있도록 만들었지요. 이런 정확성 때문에 「대동여지도」는 나라를 지키는 데도 큰 몫을 했다고 해요.

김정호가 쓴 지리지

김정호는 『동여도지』, 『여도비지』, 『대동지지』 등 엄청난 분량의 지리지를 쓴 것으로도 유명해요.

'지리지'란 어떤 지역에 대한 여러 가지 정보를 체계적으로 정리해 쓴

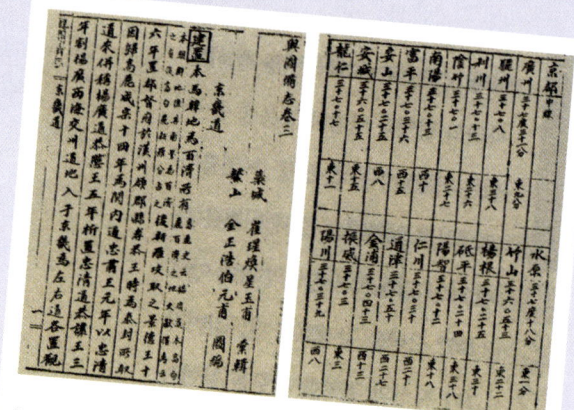

『여도비지』는 김정호와 최성환이 함께 펴낸 지리지예요. 최성환이 편집을 하고 김정호가 그림을 맡았지요.

책이에요. 한 고을이 언제 어떻게 생겨났는지, 산, 들, 강은 몇 개나 있으며 이름은 무엇인지, 사람들은 몇 명이나 살고, 논밭은 얼마나 되는지, 특산물은 무엇인지 등이 쓰여 있어 지도와 함께 보면 그 지역의 상황을 한눈에 알 수 있었지요.

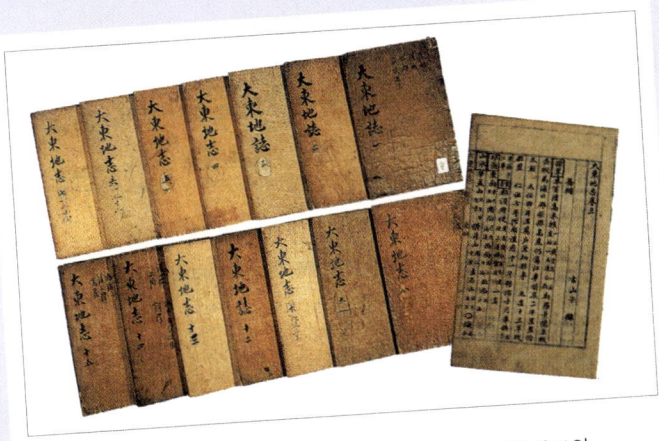

『대동지지』는 「대동여지도」와 짝을 이루는 지리지로, 조선 성종 때 쓰인 『동국여지승람』의 잘못된 점을 바로잡고 내용을 덧붙여 만든 책이에요.

우리나라의 옛날 지도들

우리 조상들은 아주 오래전부터 지도에 큰 관심을 갖고 있었어요. 『삼국사기』나 『삼국유사』를 보면 삼국 시대에도 지도가 있었고, 고려 시대에는 이미 한반도의 모양을 현재와 비슷하게 파악하고 있었지요.

오늘날 남아 있는 지도는 모두 조선 시대 것이에요.

그중 「혼일강리역대국도지도」는 오늘날 동양에 남아 있는 가장 오래된 세계 지도예요. 이 지도는 1402년에 김사형, 이무, 이회, 권근이 중국에서 들여온 지도를 보고 그린 것으로, 중국을 세계의 중심에 놓고 그 옆에 우리나라를 커다랗게 그려 놓았어요.

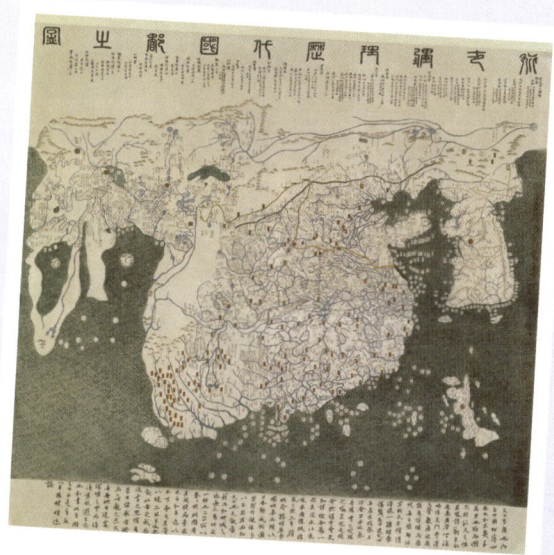

「혼일강리역대국도지도」예요. 중국이 아주 크게 그려져 있어요.

조선 영조 때에 정상기가 만든 「동국지도」는 우리나라 최초로 축척을 표시한 지도예요. 정상기는 백 리를 일 척(약 30센티미터)으로 그리는 방법으로 실제 거리를 정확히 지도에 옮겼어요.
김정호는 「동국지도」의 영향을 받아 「대동여지도」에 축척을 쓰고, 십 리 간격으로 점을 찍어 지도 읽기를 쉽게 했지요.

조선의 지도 역사에 한 획을 그은 것으로 평가되는 「동국지도」의 한 부분이에요.

「조선방역지도」는 산줄기를 굵고 가는 선으로 그려 넣어 산맥들이 마치 살아 있는 것처럼 보여요.

국보 제248호인 「조선방역지도」는 조선 전기에 만들어진 지도예요. 압록강과 두만강을 빼면 우리나라의 전체 모습이 비교적 정확하게 그려져 있지요. 특히 이 지도는 각 도별로 색을 다르게 해서 그린 것이 특징이에요. 예를 들어 황해도는 흰색, 강원도는 연두색이지요.

지도는 위험한 것?

김정호에 대해 잘못 알려진 이야기 중에 「대동여지도」가 적의 손에 넘어갈 것을 걱정한 나머지, 나라에서 지도와 목판을 빼앗고 김정호를 감옥에 가두었다는 게 있어요.

물론 이 이야기는 사실이 아니에요. 일부이긴 하지만 지금도 국립 중앙 박물관에 「대동여지도」의 목판이 남아 있으니까요. 그렇다면 왜 이런 얘기가 나온 걸까요?

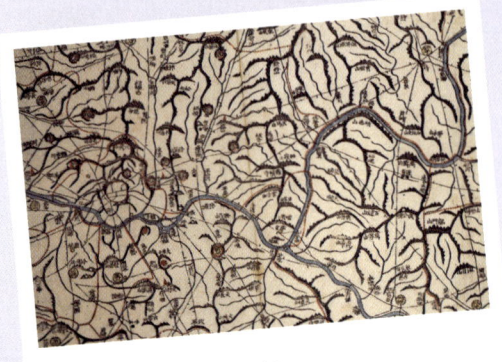

「대동여지도」의 한 부분이에요.

원래 조선 초기만 해도 나라에서만 지도를 만들고 보관할 수 있었어요. 지도와 지리지는 그 나라의 인구와 경제력, 군사적으로 중요한 곳 등이 자세히 기록되어 있어, 다른 나라에 절대 알려져서는 안 된다고 생각했기 때문이지요. 실제로 지도를 개인적으로 갖고 있다가 들키면 큰 벌을 받았어요.

하지만 17, 18세기부터는 상황이 달라졌어요. 농지 개간(버려진 땅을 논밭 등 쓸모 있는 땅으로 일구는 것)이 활발해지고 상업이 발달하면서 백성들 사이에서 지도에 대한 필요성이 높아진 거예요. 나라에서도 국방을 튼튼히 하고, 각 지역의 농작물과 특산물 등을 파악하려면 조선 팔도 곳곳의 지리를 한눈에 알아볼 수 있는 지도가 많이 필요했지요.

김정호가 더 많은 사람들이 볼 수 있도록 목판에 지도를 새기기로 마음먹은 데는 이러한 사회 변화의 영향이 컸답니다.

「대동여지전도」는 「대동여지도」를 줄여 만든 것으로 보이는 전국 지도예요. 누가 만들었는지 정확히 밝혀지지는 않았지만 톱니 모양으로 그린 산줄기 등으로 보아 김정호가 만든 지도라고 생각하는 학자들이 많아요.

함께 보면 쏙쏙 이해되는 역사

~1450

- **10~14세기**
  고려 시대에 이미 한반도의 모양을 파악하고 있었음.

- **1402년**
  김사형, 이무, 이회 등이 「혼일강리역대국도지도」를 만듦.

1450

- **1454년**
  조선 팔도에 대한 백과사전형 지리지인 『세종실록지리지』가 만들어짐.

1840

- **1840년경**
  서울의 지도 「수선 전도」를 만듦.

1850

- **1853~1856년**
  전국 지도 「동여도」를 완성함.

◆ 김정호의 생애
● 우리나라 지도와 지리지의 역사

1834년
전국 지도 「청구도」를 완성함.

1480   **1820**

1481년
노사신 등이 『동국여지승람』을 완성함.

1861년
목판 전국 지도 「대동여지도」를 완성함.

1866년경
『대동지지』를 32권까지 썼으나 완성하지 못함.

1860

추천사

「새싹 인물전」을 펴내면서

　요즈음 아이들에게 '훌륭한 사람'이 누구냐고 물으면 '돈 많이 버는 사람'이라고 대답한다고 합니다. 초등학생의 태반은 가수나 배우가 되고 싶어 하고요. 돈 많이 버는 사람이나 연예인이라는 직업이 나쁘다는 것이 아니라, 아이들이 각자가 갖고 있는 재능과는 상관없이 모두 똑같은 꿈을 갖는 것 같아 걱정입니다. 또 한편으로는 아이들이 진정 마음으로 닮고 싶은 사람에 대한 정보가 부족한 것은 아닌가 하는 생각도 듭니다.

　어릴수록 위인 이야기의 힘은 큽니다. 아직 어리고 조그마한 아이들은 자신이 보잘것없다고 생각하고 위인들의 성공에 감탄합니다. 하지만 그네들에게는 끝없이 열린 미래가 있습니다. 신화처럼 빛나는 위인들의 모습은 아이들에게 훌륭한 역할 모델이 되고, 그런 삶을 살기 위해 무엇을 어떻게 해야 할지를 알려 주는 밝은 등대가 됩니다.

　그렇다면 우리가 어른으로서 아이들에게 권해야 할 위인전은 무엇일까요? 보통 우리가 생각하는 '위인'은 훌륭한 업적을 남긴

위대한 사람, 멋지고 능력 있는 사람입니다. 하지만 시대가 변했으니 아이들이 역할 모델로 삼을 수 있는 위인의 정의나 기준도 변해야 할 것입니다.

　그런 의미에서 비룡소의 「새싹 인물전」은 종래의 위인전과는 다른 점이 많습니다. 시리즈 이름이 '위인전'이 아닌 '인물전'이라는 데 주목하기 바랍니다. 「새싹 인물전」은 하늘에서 빛나는 위인을 옆자리 짝꿍의 위치로 내려놓습니다. 만화 같은 친근한 일러스트는 자칫 생소할 수 있는 옛사람들의 이야기를 일상에서 만날 수 있는 재미있는 사건처럼 보여 줍니다.

　또 하나, 「새싹 인물전」에는 위인전에 단골로 등장하는 태몽이나 어린 시절의 비범한 에피소드, 위인 예정설 같은 과장이 없습니다. 사실 이런 이야기들은 현대를 사는 아이들에게는 황당하고 이해하기 힘든 일일 뿐입니다. 그보다는 천 리 길도 한 걸음부터, 큰 성공도 자잘한 일상의 인내와 성실함이 없었다면 이루어질 수 없었다는 것을 알려 주는 것이 중요합니다. 세상 사람들의 우러름을 받는 이들도 여느 아이들과 같은 시절을 겪었음을 보여 줌으로써, 아이들에게 괜한 열등감을 주지 않고 그네들의 모습을 마음속에 담을 수 있도록 해 주는 것입니다.

  덧붙여 위인전이란 그 인물이 얼마나 훌륭한 업적을 남겼는가 보여 주는 것도 중요하지만, 얼마나 참된 인간다움을 보였는가를 알려 줄 필요도 있습니다. 여기서 '인간다움'이란 기본적인 선함과 이해심, 남을 위해 봉사할 수 있는 사랑과 배려, 그리고 한 가지 목표를 설정하고 앞으로 나아갈 수 있는 의지와 용기를 말합니다. 성취라는 결과보다는 성취하기 위한 과정을 보여 주고, 사회적인 성공보다는 한 인간으로서 얼마나 자기 자신에게 철저하고 진실했는지를 보여 주는 것이 중요하다는 것입니다.

  하지만 아무리 좋은 가르침도 사랑과 따뜻함이 없으면 억누름과 상처가 될 뿐이겠지요. 「새싹 인물전」은 나의 노력과 의지에 따라 얼마든지 의미 있는 삶을 살 수 있음을 알려 줍니다. 내가 알고 있는 삶 외에도 또 다른 삶이 존재할 수 있다는 것, 꿈을 키우고 이루어 가는 과정에서 배우고 경험하게 되는 것들의 가치, 그런 따뜻함을 담고 있는 위인전입니다. 부디 이 책이 삶의 첫발을 내딛는 아이들에게 좋은 길잡이가 되었으면 하는 바람입니다.

기획 위원

박이문(전 연세대 교수, 철학)
장영희(전 서강대 교수, 영문학)
안광복(중동고 철학 교사, 철학 박사)

- 사진 제공

  14쪽, 18~19쪽, 28쪽, 42~43쪽, 58쪽, 60쪽_ 서울 대학교 규장각.
  37쪽_ 고려 대학교 박물관, 54쪽, 59쪽(오른쪽), 61쪽_ 국립 중앙 박물관.
  51쪽, 55쪽_ 성신 여자 대학교 박물관. 56~57쪽_ 국립 중앙 도서관.
  59쪽(왼쪽)_ 국사 편찬위원회.

글쓴이 **김선희**
서울 예술 대학 문예 창작과를 졸업했다. 장편 동화 『흐린 후 차차 갬』으로 비룡소 황금도깨비상을 받았다. 지은 책으로 『귓속말 금지 구역』, 『1의 들러리』, 『공자 아저씨네 빵가게』, 『세종 대왕』, 『윤봉길』, 『가브리엘 샤넬』 등이 있다.

그린이 **서영아**
한국 예술 종합 학교 조형 예술과를 졸업했으며, 어린이 책에 그림을 그리고 있다. 그린 책으로는 『무엇이든 세탁해 드립니다』, 『인어 소년』, 『난생처음 히치하이킹』, 『진돗개 보리』, 『어떤 아이가』, 『해리엇』 등이 있다.

새싹 인물전 **김정호**
019

1판 1쇄 펴냄 2009년 8월 31일　1판 11쇄 펴냄 2020년 5월 22일
2판 1쇄 펴냄 2021년 5월 28일　2판 3쇄 펴냄 2024년 1월 18일

글쓴이 김선희　그린이 서영아
펴낸이 박상희　편집장 전지선　편집 이지은　디자인 박연미, 지순진
펴낸곳 **(주)비룡소**　출판등록 1994.3.17. (제16-849호)
주소 06027 서울시 강남구 도산대로1길 62 강남출판문화센터 4층
전화 02)515-2000　팩스 02)515-2007　홈페이지 www.bir.co.kr
제품명 어린이용 각양장 도서　제조자명 **(주)비룡소**　제조국명 대한민국　사용연령 3세 이상

ⓒ 김선희, 서영아, 2009. Printed in Seoul, Korea

ISBN 978-89-491-2899-3 74990
ISBN 978-89-491-2880-1 (세트)

「새싹 인물전」 시리즈

001	**최무선** 김종렬 글 이경석 그림		031	**유관순** 유은실 글 곽성화 그림
002	**안네 프랑크** 해리엇 캐스터 글 헬레나 오웬 그림		032	**알렉산더 벨** 에마 피시엘 글 레슬리 뷔시커 그림
003	**나운규** 남찬숙 글 유승하 그림		033	**윤봉길** 김선희 글 김홍모·임소희 그림
004	**마리 퀴리** 캐런 월리스 글 닉 워드 그림		034	**루이 브라유** 테사 포터 글 헬레나 오웬 그림
005	**유일한** 임사라 글 김홍모·임소희 그림		035	**정약용** 김은미 글 홍선주 그림
006	**윈스턴 처칠** 해리엇 캐스터 글 린 윌리 그림		036	**제임스 와트** 니컬라 백스터 글 마틴 렘프리 그림
007	**김홍도** 유타루 글 김홍모 그림		037	**장영실** 유타루 글 이경석 그림
008	**토머스 에디슨** 캐런 월리스 글 피터 켄트 그림		038	**마틴 루서 킹** 베르나 윌킨스 글 린 윌리 그림
009	**강감찬** 한정기 글 이홍기 그림		039	**허준** 유타루 글 이홍기 그림
010	**마하트마 간디** 에마 피시엘 글 리처드 모건 그림		040	**라이트 형제** 김종렬 글 안희건 그림
011	**세종 대왕** 김선희 글 한지선 그림		041	**박에스더** 이은정 글 곽성화 그림
012	**클레오파트라** 해리엇 캐스터 글 리처드 모건 그림		042	**주몽** 김종렬 글 김홍모 그림
013	**김구** 김종렬 글 이경석 그림		043	**광개토 대왕** 김종렬 글 탁영호 그림
014	**헨리 포드** 피터 켄트 글·그림		044	**박지원** 김종광 글 백보현 그림
015	**장보고** 이옥수 글 원혜진 그림		045	**허난설헌** 김은미 글 유승하 그림
016	**모차르트** 해리엇 캐스터 글 피터 켄트 그림		046	**링컨** 이명랑 글 오승민 그림
017	**선덕 여왕** 남찬숙 글 한지선 그림		047	**정주영** 남경완 글 임소희 그림
018	**헬렌 켈러** 해리엇 캐스터 글 닉 워드 그림		048	**이호왕** 이영서 글 김홍모 그림
019	**김정호** 김선희 글 서영아 그림		049	**어밀리아 에어하트** 조경숙 글 원혜진 그림
020	**로버트 스콧** 에마 피시엘 글 데이브 맥타가트 그림		050	**최은희** 김혜연 글 한지선 그림
021	**방정환** 유타루 글 이경석 그림		051	**주시경** 이은정 글 김혜리 그림
022	**나이팅게일** 에마 피시엘 글 피터 켄트 그림		052	**이태영** 공지희 글 민은정 그림
023	**신사임당** 이옥수 글 변영미 그림		053	**이순신** 김종렬 글 백보현 그림
024	**안데르센** 에마 피시엘 글 닉 워드 그림		054	**오드리 헵번** 이은정 글 정진희 그림
025	**김만덕** 공지희 글 장차현실 그림		055	**제인 구달** 유은실 글 서영아 그림
026	**셰익스피어** 에마 피시엘 글 마틴 렘프리 그림		056	**가브리엘 샤넬** 김선희 글 민은정 그림
027	**안중근** 남찬숙 글 곽성화 그림		057	**장 앙리 파브르** 유타루 글 하민석 그림
028	**카이사르** 에마 피시엘 글 레슬리 뷔시커 그림		058	**정조 대왕** 김종렬 글 민은정 그림
029	**백남준** 공지희 글 김수박 그림		059	**나폴레옹 보나파르트** 남찬숙 글 남궁선하 그림
030	**파스퇴르** 캐런 월리스 글 레슬리 뷔시커 그림		060	**이종욱** 이은정 글 우지현 그림

061	**박완서** 유은실 글 이윤희 그림
062	**장기려** 유타루 글 정문주 그림
063	**김대건** 전현정 글 홍선주 그림
064	**권기옥** 강정연 글 오영은 그림
065	**왕가리 마타이** 남찬숙 글 윤정미 그림
066	**전형필** 김혜연 글 한지선 그림
067	**이중섭** 김유 글 김홍모 그림
068	**그레이스 호퍼** 박주혜 글 이해정 그림

* 계속 출간됩니다.